O EVANGELHO SEGUNDO NIETZSCHE

Paulo Hayashi Jr.

O EVANGELHO SEGUNDO NIETZSCHE

EDITORA
IDEIAS&
LETRAS

1ª impressão

Avenida São Gabriel, 495
Conjunto 42 - 4º andar
Jardim Paulista – São Paulo/SP
Cep: 01435-001
Televendas: 0800 777 6004
vendas@ideiaseletras.com.br
www.ideiaseletras.com.br

Dados Internacionais de Catalogação na Publicação (CIP) de acordo com o ISBD

H413e Hayashi Jr., Paulo

O evangelho segundo Nietzsche / Paulo Hayashi Jr.. - São Paulo : Ideias & Letras, 2022.

64 p. ; 13,3cm x 20,6cm. – (Filosofia e atualidades)
Inclui bibliografia
ISBN: 978-65-87295-38-1

1. Filosofia. 2. Nietzsche. 3. Evangelho. I. Título. II. Série.

2022-971 CDD 100
CDU 1

Elaborado por Vagner Rodolfo da Silva - CRB-8/9410

Índices para catálogo sistemático:
1. Filosofia 100
2. Filosofia 1

O ladrão não vem senão a roubar, a matar, e a destruir;
eu vim para que tenham vida, e a tenham com abundância.
Jo. 10: 10

Agora, pois, vemos apenas um reflexo obscuro, como em espelho; mas, então, veremos face a face. Agora conheço em parte; então, conhecerei plenamente, da mesma forma como sou plenamente conhecido.
1 Co. 13: 12

Sumário

Introdução

O presente livro tem um duplo propósito: primeiro, o de buscar reunir de forma simples e didática, na medida do possível, conteúdos da filosofia nietzschiana que estão dispersos em mais de uma dezena de livros, o que possibilita acessar a sua essência, principalmente para pessoas com diferentes graus de escolaridade. Não importa a titulação, mas o interesse pelas obras de Nietzsche. Visa-se, nesta empreitada, não um livro filosófico puro, mas a identificação e a organização de suas ideias espirituais; segundo, o de apresentar de forma original aquilo que parece ser uma releitura cabível dentro da obra dele.

Nietzsche é um filósofo multifacetado e, de certo modo, polêmico pelas próprias interpretações feitas *a posteriori*. Todavia, os poréns não invalidam seu valor. Pelo contrário, mais do que nunca parece ser este o tempo de Nietzsche. Um tempo que antecede à redenção e, portanto, um tempo de luta, de reforma íntima, da busca dos valores corretos e das verdades universais. Um tempo no qual o importante não é satisfazer o capricho do ego, tampouco do conforto material. O tempo não é para a pequenez! Chega-se ao tempo da transcendência pela liberdade, pelo progresso que está acima do próprio presente.

Assim, "somente nós, espíritos livres, temos o pressuposto para entender algo que dezenove séculos entenderam errado – aquela retidão que, tornada instinto e paixão, faz guerra à 'mentira santa', mais ainda que a qualquer outra mentira... [...] construiu-se a Igreja com base no oposto do evangelho".[1] Chega-se ao tempo de buscar

---

1 NIETZSCHE, F. *O anticristo: Maldição ao cristianismo: Ditirambos de Dionísio.* São Paulo: Companhia de Bolso, 2016, p. 42.

os tesouros atemporais e infinitos da abundância humana e da benevolência divina. De se libertar das amarras de uma tradição mal interpretada, de rituais vazios e sem sentido. É o tempo de agigantar o ser humano frente ao seu destino de luz e de grandeza, sem pecados originais, sem complexos de inferioridade, mas herdeiro de um jardim divino a ser cultivado.

Nietzsche tem essa força, essa fortaleza, pois se afirma como mensageiro de um novo tempo. Não como mensageiro falido de notícias ruins ou niilistas, como bem expressa Kaag: "O título do livro, frequentemente atribuído ao Anticristo bíblico, não tem tanto a ver com esta figura".[2] Tampouco com a morte do Deus verdadeiro, mas da morte de um Deus humanoide, das fábulas do início do desenvolvimento da humanidade, de um Deus que castra e que agride seus filhos. Essa é a morte do Deus de Nietzsche, uma morte libertadora para a busca de plenitude da humanidade. Nietzsche é o portador da boa-nova que traz notícias de um novo mundo, não baseado no egoísmo, no reinado da matéria e da ganância, mas um reino de conquistas de um ser adulto autorrealizado. Um ser adulto com cicatrizes das vitórias diárias de suas lutas cotidianas, mas com o sorriso da paz e da felicidade interiores e de sua harmonia com seu Deus interior e com o Universo.

---

2 KAAG, J. *Caminhando com Nietzsche: Sobre tornar-se quem se é*. Rio de Janeiro: Red Tapioca, 2019, p. 206.

1. Nietzsche e a sua missão

Considerado como um filósofo para filósofos, bem como um moralista para os que já são moralistas por natureza,[1] Friedrich Nietzsche (1844-1900) surpreende pela sua atualidade, bem como pela capacidade de oferecer pensamentos, reflexões e angústias que podem auxiliar o leitor na decifração das pistas do mundo contemporâneo, oferecendo não a tranquilidade desejada por almas preguiçosas e frágeis, mas o consolo dos tempos árduos e dos benefícios de se enfrentar com dignidade tais tempos com a cabeça erguida e o peito aberto aos desafios.

"Não sofrer" não está no vocabulário do filósofo alemão. Pelo contrário. Os calos e as cicatrizes no rosto e na alma são testemunhas do esforço dos que querem avançar e progredir. O sofrimento é parte da caminhada do ato heroico – não que Nietzsche seja um masoquista, ele apenas é alguém que não foge da raia da luta. Ele sabe da importância da superação para que a vida tenha valido a pena ser vivida, seja por um sonho, seja por uma aspiração, mesmo que da infância.

Recorda-se Nietzsche da sua infância na pequena cidade alemã de Röcken e, tendo vindo de uma família de pastores protestantes, o fruto não poderia ter caído longe do pé. Dedicou-se com afinco à leitura da bíblia, tendo pretendido seguir a profissão do pai na sua adolescência, levando-o a fazer sua graduação em Teologia e Filologia Clássica na Universidade de Bonn em 1864. Após dar

---

1 SALTER, W. M. "An introductory word on Nietzsche". *The Harvard Theological Review*, 6 (4): 461-477, 1913 (Cambridge), p. 461.

prosseguimento aos estudos na Universidade de Lípsia, segue em 1869 seu percurso acadêmico, agora com 25 anos, como contratado pela Universidade da Basileia como catedrático de Filologia Clássica. A partir daí, Nietzsche percebe que saber a história original e de onde vem determinada palavra, frase ou oração possibilita um enriquecimento, bem como um olhar crítico sobre seu uso corrente e atual. Dessa forma, talvez buscando reanimar sua criança interior e seu ânimo, tal como expressado pelo mestre Nazareno: "Eu os estou enviando como ovelhas no meio de lobos. Portanto, sejam astutos como as serpentes e sem malícia como as pombas" (Mat. 10: 16). Com isso, Nietzsche não se deixa perder nos encantos e cantos de sereia do mundo.

Nessa situação paradoxal vivia Nietzsche. A pureza interior *versus* a dureza exterior. A doçura do ideal *versus* o amargo da realidade, das doenças, das limitações do corpo físico que precisava escrever por pequenos aforismos para não exaurir rapidamente os parcos recursos biológicos de que dispunham. Nietzsche viveu doente do corpo físico, mas não da alma. Havia um ideal muito claro e precioso para toda a humanidade e que, mesmo que lhe custasse a vida, valeria a pena pelo qual ter se sacrificado ao não deixar apagar a chama humana da grandeza. A guerra de Nietzsche não era contra um grupo institucionalizado religioso, como parece ser à primeira vista, mas aos maus hábitos cristalizados ao longo do tempo devido às leituras incompletas e interpretações falhas. Por isso, não é de se estranhar que "os mais sérios cristãos sempre foram bem-dispostos para comigo".[2]

No seu âmago, Nietzsche era um espírito livre e não desejava fama ou fortuna, tampouco a admiração bajuladora e falsa. Ele se

---

2 NIETZSCHE, F. *Ecce Homo*. São Paulo: Companhia de Bolso, 2008, p. 30.

preocupava com a evolução total do homem[3] e com viver conforme os valores que acreditasse serem os ideias para um filósofo, no aspecto puro e idealista de ser. Não era um platônico convicto, mas certamente buscava um ideal e uma justiça que estava acima dele próprio e das verdades parciais de seu tempo.

Há uma clássica história hindu chamada *Os seis cegos e o elefante*. Nela, cada cego tocava uma parte específica do animal. Pata, rabo, orelha, tromba, marfim e barriga são alguns desses pontos em destaque. Será que os cegos, depois de cada um tocar o animal, conseguiriam chegar a um acordo, um consenso sobre o que é o animal ou, em caso de saberem de que ser se trata, como ele é? As verdades parciais podem ser mais prejudiciais para a construção de uma verdade única, maior, e, por isso, para Nietzsche seria muito difícil termos não apenas uma única verdade, mas diferentes versões da mesma. Caberia ao espírito livre não apenas julgar com a sua razão e inteligência, mas também perceber a sua própria limitação. É preciso sair da sua própria zona de conforto para enxergar além. No caso específico de Nietzsche, "foi a doença que me trouxe a razão".[4] Para muitos, poderia ser considerado como uma desgraça; para ele, um privilégio. Uma questão muito similar com o "espinho na carne" de Paulo de Tarso.

Esse é o espírito livre de Nietzsche, o homem livre de suas próprias amarras e viseiras. Tal como um cavalo selado e que usa um aparato de viseiras para não ver o que está ao seu lado e se distraia, o filósofo livre precisa se livrar de seus preconceitos, seus hábitos e vícios antigos que o afastam da verdade maior; amigo de seus inimigos e inimigo de seus amigos. Essa verdade é superior ao

---

3 NIETZSCHE, F. *Além do bem e do mal*. São Paulo: Companhia de Bolso, 2005, p. 58.

4 *Idem*, 2008, p. 37.

próprio ego e às limitações do interesse individual sobre o coletivo, sobre a transitoriedade do conforto e da parcialidade de uma pequena verdade. Por isso o apreço de Nietzsche para com a figura do mestre Nazareno.

Para Nietzsche, Jesus foi o caso exemplar daquele que colocou o bem-estar e o interesse coletivo sobre sua própria segurança e tranquilidade, bem como referência para a construção da sua própria obra pessoal, que é um modelo filosófico-psicológico[5] terapêutico para uma humanidade rondada pelo niilismo e pelo descrédito. Assim, Nietzsche não apenas é o primeiro psicólogo, mas também um terapeuta da alma. Como o modelo do cordeiro de Deus, negado e abandonado pelos seus amigos e seguidores, bem como tratado de forma irônica pelos poderosos da hierarquia local e não pretendida pela escolha popular, Jesus teria todos os motivos para escolher caminhos diversos, mas, pela sua causa e pelo seu excesso de poder e vontade, renunciou ao caminho fácil e seguiu adiante para cumprir a sua missão na Terra. Mais do que um modelo perfeito, Nietzsche não apenas percebe seu valor curativo e, por outro lado, o quanto a humanidade interpretou de forma omissa e distorcida o seu exemplo. "No fundo, houve apenas um cristão, e ele morreu na cruz. O 'evangelho' morreu na cruz."[6] Ou, ainda, "a história do cristianismo – da morte na cruz em diante – é a história da má compreensão, gradativamente mais grosseira, de um simbolismo original".[7]

Jesus é o modelo perfeito, cuja chama verdadeira foi quase apagada da Terra por interesses de cunhos mesquinhos, pusilânimes e materialistas de poder hedônico e privilegiado. Resta apenas

---

5 GIACÓIA JÚNIOR, O. *Nietzsche como psicólogo*. São Leopoldo: Editora Unisinos, 2001.

6 NIETZSCHE, 2016, p. 44.

7 *Ibid.*, item 37.

àqueles de espírito livre levantar novamente a bandeira para a chegada dos novos tempos, para a chegada de um tempo de amadurecimento do ser humano. Enfim, levantar a cabeça para searas mais elevadas que o reducionismo da matéria. Cabe, aqui, uma pequena referência à passagem e interpretação da conhecida fábula de Adão e Eva. Ambos comeram o fruto da árvore do conhecimento e passaram a perceber a existência do bem e do mal, o que nivela com a própria divindade ("Eis que o homem se tem tornado como um de nós, conhecendo o bem e o mal" – Gn. 3: 22), bem como, por lavrar adequadamente a terra, poderia ser coconstrutor do seu próprio paraíso na Terra. Não mais o jardim original, mas um jardim onde o homem não seria simples convidado, mas participante ativo ("o lançou fora do jardim do Éden para lavrar a terra, de que fora tomado" – Gn. 3: 23). O jardim original pode ser considerado como a própria infância do indivíduo na Terra, na qual ele é cercado de mimos e cuidados, sem consciência das preocupações do mundo, sem as malícias e o presente da vida e do recomeço por uma vida dedicada ao bem e à labuta interior do aperfeiçoamento e da busca do conhecimento.

Todavia, não é possível viver eternamente no estado infantil. É necessário o devido crescimento do indivíduo, o seu amadurecimento psicológico e o preparo das mãos para que se tornem as futuras aradoras da terra. Porém, a armadilha do fruto do conhecimento de Gênesis vem pela própria ironia de que uma única maçã do conhecimento traz sofrimentos pelo conhecimento do mundo e de que a deglutição de cem mil maçãs, por exemplo, tornaria o ser mais feliz ou menos infeliz, pois com conhecimentos tomam-se boas decisões, e o acúmulo de boas decisões ao longo do tempo faz com que a vida seja mais agradável e menos penosa.

Entretanto, a secura da razão deve vir equilibrada com a brandura do coração. Um deve apoiar o outro, e Nietzsche percebe claramente qual é o mais importante. "É possível que na santa fábula e disfarce da vida de Jesus esteja oculto o mais doloroso caso de martírio do conhecimento sobre o amor."[8]

8 NIETZSCHE, 2005, p. 168.

2. Arar a terra e ganhar o mundo

Para Nietzsche, a lição de Gênesis deve ser aprendida, e conhecimentos e práticas de ação moldam o ser humano. Todavia, não é qualquer prática ou ação, mas aquela que diferencia Jesus de outras grandes personalidades que a humanidade já teve. Diferentemente do decálogo de Moisés, ou do Persépolis de Dario I, ou do Coliseu de Vespasiano, a ação construtiva de Jesus não é baseada na riqueza material, no orgulho, na vaidade ou no sofrimento alheio. Pelo contrário. A ação de Jesus é mais baseada em atitudes e competências do que em ouro e recursos tangíveis. Diferentemente da Muralha da China ou da Acrópole de Atenas, Jesus busca edificar primeiramente uma estrutura interna para depois ganhar o externo.

De acordo com o Evangelho de Marcos (8: 36): "Pois, que adianta ao homem ganhar o mundo inteiro e perder a sua alma?". Alinhado com esse pensamento, não estaria Nietzsche interessado em saber se é possível ganhar a alma sem ganhar também o mundo? Para o filósofo alemão, ambos não se repelem. A alma se agiganta justamente por conquistar corretamente o mundo, diferentemente de Maquiavel, que prega justamente o Anticristo e que os fins justificam os meios. Maquiavel segue a linha de Judas. Nietzsche não. Nietzsche parece preferir os conselhos de Epicuro. "Não é possível viver venturosamente, se não se viver racional, nobre e justamente; mas, ao inverso, não é possível viver uma vida racional, nobre e justa, sem viver venturosamente. A vida feliz, porém, é impossível se faltarem aquelas pressuposições."[1] E é nesse fio da navalha, sem se distanciar do mundo, tampouco sem se perder em seus véus e

1 EPICURO. *Pensamentos: Textos selecionados*. São Paulo: Martin Claret, 2008, p. 62.

caprichos, que deve caminhar o bom samaritano de Nietzsche. Não aquele que faz apenas sem saber, nem aquele que não faz, mas aquele que faz sabendo. Vontade e conhecimento, aragem e verbo, ação e filosofia. É um entregar-se ao mundo, mas de forma sábia e sem deixar que o mundo mude os seus valores internos. É a busca de um Deus verdadeiro, não corrompido pelos indivíduos e seus egos, mas um Deus interior, sua partícula de luz, seu egoísmo positivo que luta por um Deus em quem ele acredita piamente. "A noção de 'Deus' inventada como noção-antítese à vida – tudo nocivo, venenoso, caluniador, toda a inimizade de morte à vida, tudo enfeixado em uma horrorosa unidade!"[2]

Para Nietzsche, o Deus que dá a terra para o ser humano arar representa mais o Deus primevo, *Primitivus*, que primeiro floriu e amadureceu com e para ele. "E disse Deus: Façamos o homem à nossa imagem, conforme a nossa semelhança."[3] Ou seja, é o homem cocriador do Universo juntamente com Deus. E é esse poder sem limites que inebria Nietzsche. Sua missão pessoal, então, é criar uma filosofia que coloque o homem e sua capacidade de autorrealização no pedestal de forma a superar mesmo os tempos mais sombrios. Acender as luzes internas para combater a escuridão e o deserto interior. O niilismo e as mudanças gradativas da sociedade, que parecem em um primeiro momento aterradoras, representam o palco e a condição para o surgimento de seres especiais, capacitados para a superação das dificuldades, para o exercício de liderança e para serem um modelo a ser seguido pelos demais. É o "além-do-homem" ou o "super-homem" de Nietzsche.

Para tanto, Nietzsche precisa superar as visões deturpadas e cristalizadas ao longo do tempo. Noções de culpa, de pecado original, dos tabus contra o sexo e, principalmente, da noção de vida sem

---

2 NIETZSCHE, 2008, p. 109.

3 Gen. 1: 26.

obras são apenas alguns pontos necessários de superação. Por isso, Nietzsche assim se coloca: "Eu sou o primeiro imoralista: e com isso sou o destruidor *par excellence*".[4] Nietzsche é a versão alemã do deus Shiva, aquele que destrói para soltar o poder criador do indivíduo no mundo. A destruição representa a transformação para o renascimento e a regeneração, o que faz circular a melhoria entre os seres viventes. Nesse ponto, Nietzsche critica em particular a interpretação descontextualizada e distorcida que fizeram de uma passagem do corajoso Paulo de Tarso: "Porque pela graça sois salvos, por meio da fé; e isto não vem de vós, é dom de Deus. Não vem das obras, para que ninguém se glorie".[5] A deturpação da fé passiva e salvadora é uma ameaça ao próprio ser humano e o seu destino de grandiosidade. Todavia, é possível perceber que essa posição de fé passiva não era a postura mais aceita do próprio Paulo de Tarso. Cita-se, por exemplo: "O que planta e o que rega têm um só propósito, e cada um será recompensado de acordo com o seu próprio trabalho".[6] Ou, ainda, "Alexandre, o latoeiro, causou-me muitos males; o Senhor lhe pague segundo as suas obras".[7] Nesse ponto, Paulo de Tarso e Nietzsche concordam sobre a importância das obras como testemunhas fidedignas da grandeza ou não do ser humano, bem como da sua herança ao próprio progresso do mundo.

Portanto, a cocriação é o papel do ser humano no mundo, e esquecer-se dele é se apequenar. "Não tenho dúvida de que a primeira coisa que um grego antigo observaria em nós, europeus modernos, seria também a autodiminuição – apenas com isso já lhe seríamos 'repugnantes ao gosto'."[8] Da sua paixão pelos clássicos gregos,

---

4 NIETZSCHE, *op. cit.*, p. 103, grifo do autor.

5 Efe. 2: 8-9.

6 1 Cor. 3: 8.

7 2 Tim. 4: 14.

8 NIETZSCHE, 2005, p. 165.

Nietzsche lança mão de Dionísio, o deus do vinho, das artes e do teatro. Como o último discípulo dele, Nietzsche busca trazer a criatividade para a cocriação humana. O relampejar das ideias, a inspiração divina, o abstrato caotizante e convergente, as informações díspares e divergentes que reacionam no espírito humano e resultam na cocriação. Assim como "No princípio, era o Verbo, e o Verbo estava com Deus, e o Verbo era Deus. Ele estava no princípio com Deus. Todas as coisas foram feitas por ele, e sem ele nada do que foi feito se fez. Nele, estava a vida e a vida era a luz dos homens; e a luz resplandece nas trevas, e as trevas não a compreenderam" (Jo. 1: 14).

3. O homem como uma "ponte" entre o animal e o ser superior

Brilhar: esse é o destino do ser humano que se alinha com os seus verdadeiros valores. Brilhar como um sol, caloroso de amor e conhecimento, que se levanta e ilumina a todos, independentemente da condição prévia, e que, como amor de mãe, abraça a todos os seus filhos. Nesse mesmo sentido, Nietzsche observa que: "Cada um é filho de Deus – Jesus não reivindica nada apenas para si –, como filho de Deus cada um é igual ao outro".[1] Todavia, nem todos conseguem despertar para tal condição, privilégio e propósito, para a tarefa de se autodesenvolver, de progredir rumo ao infinito, de buscar a construção de uma vida pautada livre de dores e plena de realizações. "O super-homem é o sentido da terra. Que a vossa vontade diga: o super-homem seja o sentido da terra."[2] Mas o livre-arbítrio é uma condição que pode punir ou recompensar seu usuário, tendo em vista que "o homem é *o animal não determinado*".[3]

O amadurecimento psicológico pós-Jardim do Éden é uma jornada longa, mas recompensadora. Amadurecer para suas responsabilidades, seus propósitos, bem como para os desafios inerentes à tarefa do progresso, da vida em sociedade e da comunicação.[4] No oxímoro da vida, o amadurecer significa uma dupla condição: resistir às dificuldades e intempéries e adocicar-se internamente. A primeira representa as condições para o aperfeiçoamento do espírito e os obstáculos que levam à perfeição. Para Nietzsche, "a luta

---

1 NIETZSCHE, 2016, p. 35.

2 *Idem*, 2019, p. 13.

3 *Idem*, 2005, p. 60, grifo do autor.

4 GIACÓIA JÚNIOR, 2001.

permanente com condições desfavoráveis e sempre iguais é, como disse, a causa para que um tipo se torne duro e firme".[5] Provas hercúleas para altas recompensas, inclusive a doçura interior. Cabe ao ser humano superar-se.

De acordo com o filósofo medieval italiano Pico della Mirandola, o ser humano foi colocado por Deus no centro do mundo para ter a condição de herdeiro e usuário do mundo, cabendo ao indivíduo sua travessia de uma condição inferior para outra superior. Em um possível diálogo de Deus para com o ser humano:

> *Coloquei-te no meio do mundo para que daí possas olhar melhor tudo o que há no mundo. Não te fizemos celeste nem terreno, nem mortal nem imortal, a fim de que tu, árbitro e soberano artífice de si mesmo, te plasmasses e te informasses, na forma que tiveres seguramente escolhido. Poderás degenerar até aos seres que são as bestas, poderás regenerar-te até às realidades superiores que são divinas, por decisão do teu ânimo.*[6]

Cabe ao ser humano se dignificar, não mais apenas às condições e valores de uma época determinada, mas principalmente ao eterno, universal e infinito. O ser humano é um projeto de possibilidades, que pode ir desde uma condição de perda de tempo e recursos até a aproximação com os seres angelicais. É a emblemática questão do sentido da existência.[7]

---

5 NIETZSCHE, *op. cit.*, p. 161.

6 PICO DELLA MIRANDOLA, G. *Discurso sobre a dignidade do homem.* Trad. e int. Maria de Lurdes Sirgado Ganho. Lisboa: Edições 70, 2001, p. 53.

7 NIETZSCHE, F. *A gaia ciência*. São Paulo: Companhia de Bolso, 2012, aforismo 357.

Para Viktor Frankl, o ser humano "é o ser que sempre decide o que ele é".[8] Assim, como possibilidade, o ser humano representa um grande milagre, todavia a sua realização depende apenas de si mesmo, principalmente da sua condição íntima. Nas palavras de Epicuro, "o essencial para a nossa felicidade é a nossa condição íntima: e desta somos nós os amos".[9] Como bom filólogo, Nietzsche certamente conhecia a origem da palavra "respeito", do latim *respectus*, particípio passivo do verbo *respiciō*, composto por *re* ("novamente") + *speciō* ("olhar"). O homem, para se dignificar, para ser senhor de si, precisa se respeitar, ter apreço, amor, consideração por si mesmo e, portanto, pelos outros também.

O olhar novamente representa um aspecto importante no desenvolvimento do ser, pois é necessário que se "olhem novamente" os fenômenos e eventos que acontecem no dia a dia, os eventos felizes e infelizes. O mundo, depois da expulsão do paraíso, representa não a volta forçada ao jardim original, mas o plantar e cultivar do jardim interior, do próprio paraíso na Terra. "Todos nós temos jardins e plantações ocultas em nós; e, numa outra imagem, somos todos vulcões em crescimento, que terão sua hora de erupção."[10] Para tanto, é preciso que o ser humano se respeite, olhe duplamente os eventos e busque colher as lições necessárias da vida para o seu contínuo crescimento. Olhar duplamente significa evitar as ilusões do mundo. O *maya* indiano. Evitar cair no erro, nas más interpretações, na revolta da vida e na construção de uma prisão mental-emocional que pode aprisionar o espírito por longos períodos.

Maya, ou os véus de *maya*, representa um pressuposto na filosofia védica que o mundo não se apresenta tal como realmente é.

---

8 FRANKL, V. *Em busca do sentido: Um psicólogo no campo de concentração.* São Leopoldo: Sinodal, 2003, p. 84.

9 EPICURO, 2008, p. 99.

10 NIETZSCHE, 2012, p. 60.

Para as mentes atentas, *maya* representa um obstáculo de não julgar precipitadamente e de buscar sempre a parte positiva, construtiva e agregadora, evitando as armadilhas do mundo. Dentro da tradição védica, há dois tipos de mentalidades: mosca e abelha. A mosca é um inseto que, se você colocar no ambiente mais bonito e perfumado, vai buscar a parte suja, podre, feia. Por outro lado, a abelha é o contrário. Independente do ambiente, a abelha vai buscar a parte luminosa, perfumada e bonita. Ou seja, o importante na vida é desenvolver essa postura mental de abelha e abandonar a de mosca. E isso é uma parte fundamental para o projeto de autodesenvolvimento do homem, de superação de uma condição inferior para o alcance de outra superior.

Talvez na infância psicológica do ser humano, a postura mosca de reclamação, do não trabalho e do aproveitamento de forma oportunística da situação faça sentido. Todavia, conforme o ser humano progride na sua responsabilidade de amadurecimento interno, a postura de abelha possibilita a superação das dificuldades da vida. "O sofrimento profundo enobrece; coloca à parte."[11] Nesse ponto, Nietzsche não está preocupado em fazer uma filosofia do conforto e da paz, e tampouco estava o mestre Nazareno: "Não pensem que vim trazer paz à terra; não vim trazer paz, mas espada".[12] Tanto a postura de Nietzsche quanto a de Jesus são compatíveis. Para ambos, há a revalorização das lições de vida proporcionadas pela tragédia e pelas dificuldades da vida, pois é nessas situações que há aprendizagem de infinito valor para a caminhada do ser humano. Ou seja, a "tragédia é inseparável da vida atual",[13] e quanto mais se sabe lidar com as situações difíceis e complicadas, mais há chances de sucesso na edificação e construção do paraíso interior e exterior.

---

11 *Idem*, 2005, p. 169.

12 Mat. 10: 34.

13 SALTER, 1913, p. 472.

Para tanto, Nietzsche busca a construção de uma teoria de vontade de poder para a superação das dificuldades da vida. Não o poder no sentido negativo, maquiavélico de politicagem, de abuso e hipocrisia, de manipulação, mas um poder de criação, autoconstrução, autodesenvolvimento, de ser forte e passar por cima dos ressentimentos, da amargura, dos sentimentos de inferioridade, dos complexos de culpa, da autodiminuição. Um poder de autodomínio e controle de suas emoções e sentimentos. Poder no sentido de autoliberação dessas armadilhas que podem prejudicar o ser humano na sua busca pela perfeição.[14]

Portanto, a teoria de poder de Nietzsche é uma teoria de autossuperação, da saída de uma condição limitada e inferior para outra, melhor, superior, supra-humana. A perfectibilidade do ser humano levado como projeto de vida e de sua autorrealização. Com essa finalidade, o projeto de poder pode ser posto em três etapas: I) autodescobrir-se; II) não se afundar; e III) elevar-se.

14 IJSSELING, S. "Nietzsche's Yes and Amen". *Journal of Nietzsche Studies*, (22): 36-43, 2001 (Pensilvânia), p. 38.

4. Projeto de vida em três etapas

4.1 Autodescobrir-se

É esse projeto de vida, de transformar vidas de baixo potencial de vitória em casos exemplares de sucesso e que sirvam como referência para o progresso de toda a humanidade, que Nietzsche desenvolve em sua filosofia e em seu modo de vida. Afastando-se da pompa e da falta de valores adequados, que foram inicialmente vislumbrados como corretos por Nietzsche na figura e nas obras de Richard Wagner, o filósofo alemão se aproxima de uma vida mais baseada nos ensinamentos do oráculo de Delfos.

Há cerca de 2.500 anos, o oráculo de Delfos representava um conjunto de construções dedicadas à arte de conexão entre os deuses e a humanidade, principalmente por meio das pitonisas, que eram videntes com poderes ocultos. O oráculo de Delfos era consultado por pessoas comuns até grandes personagens, tais como Carlos Magno, no auxílio da boa tomada de decisão. Apesar da decadência do complexo de Delfos ao longo da história, há duas inscrições importantes que apresentam uma conexão com Nietzsche: *Gnõthi Seauton* ("Conhece-te a ti mesmo") e *Médén Ágan* ("Nada em excesso"), duas regras simples que auxiliam no enfrentamento da complexidade da vida, principalmente ao se evitar o apego disfuncional de emoções mal resolvidas.

A expressão "conhece-te a ti mesmo" representa o autodescobrimento, a percepção do infinito interior e a valorização dos valores corretos da vida. Busca-se conhecer as questões fundamentais da vida. Nem tudo vale a pena, embora alguns pontos merecem abundância de atenção e sacrifícios. Por outro lado, "nada em excesso" se aproxima do caminho do meio do budismo, da filosofia ética de

Aristóteles e dos perigos incorridos pelo incauto Ícaro. Com isso, é possível aproximar, então, a teoria de vontade de poder e autorrealização de Nietzsche à aplicação prática do evangelho. Não um evangelho de ausência e submissão no mundo, mas de estar nele e de buscar a vitória apesar e com ele.

Para tanto, o despertar ao "conhece-te a ti mesmo" faz com que surja um firme propósito de vida e, assim, a vida não deve ser economizada. Quem vive se economizando na vida, a desperdiça. Portanto, deve-se seguir para o autodescobrimento dos seus propósitos mais elevados, seus valores mais corretos, suas aspirações de ideal, daquilo que é bom, belo e justo. Assim, para Nietzsche, "Quem tem por que viver pode suportar quase qualquer como".[1] É interessante perceber que Nietzsche não é antissocrático, tampouco anticristão, mas justamente o contrário. Critica Sócrates e o cristianismo para vivenciá-los de forma coerente com suas crenças e com aquilo que ele acredita ser primitivo, original, sem distorções. Seria a sua forma de aproximação com Deus e de viver com a consciência tranquila de estar fazendo a coisa correta. Para ele, "somente a prática evangélica conduz a Deus, ela é justamente Deus".[2]

Viver hipocritamente é autoenganar-se. Viver o evangelho faz com que se dirija não para a parte heroica diretamente, mas para a sua preparação. O caminho inicial do herói, na verdade, é perceber que ele ainda não está pronto. Não se vencem os desafios por acaso, mas com preparação. O primeiro passo para não deixar o deserto do niilismo ou do desespero crescer é, justamente, retirar-se, tal como Jesus fez nos seus preparativos de recolher-se no deserto. Quarenta dias levou o filho de Deus para se preparar. Para o ser humano comum, "ir para o deserto" refere-se ao processo

---

1 *Apud* FRANKL, Viktor. "Prefácio". *Em busca de sentido: Um psicólogo no campo de concentração.* Petrópolis: Vozes, 2003.

2 NIETZSCHE, 2016, p. 40.

de autodescobrimento, de buscar sua intimidade, seu íntimo, seu âmago, seu cerne, sua partícula divina. Olhando sem pudor, sem preconceito, sem juízo, sem autocompaixão limitante, sem desprezo por si mesmo, de onde saiu e onde está, o ser pode refletir sobre a sua aspiração de vida, sobre aquilo que realmente traz plenitude, sobre seus pontos fortes e fracos, suas fortalezas e temores. Com isso, o futuro se descortina de forma mais focada, menos caótica, mas não sem surpresas.

Ao olhar o passado que coexiste no presente para auxiliar na construção de um futuro almejado,[3] ou pelo menos aprovado pela sua consciência, também se descortinam duas tarefas menores, mas não menos importantes para levar a cabo o projeto de vida nietzschiano: o desvincular de hábitos e comportamentos ruins que afastam dos objetivos e propósitos desejados e o reforço de hábitos e comportamentos favoráveis aos ventos da mudança. O deserto não é um ambiente sem vida, mas de mudanças e transformações que se iniciam na intimidade do ser. Assim como o ovo que inicia suas microtransformações que o levam a uma nova vida, o ser humano inicia o rompimento dos velhos hábitos, de fluxos de transformações que alteram o ser de dentro para fora. A violência exterior não deve encontrar um ser frágil no interior, mas o contrário. A fortaleza do super-homem vem de dentro: "É a partir do mais profundo que o mais elevado deve chegar à sua altura".[4] Apenas assim é possível superar as dificuldades da vida, principalmente quando há abundância de poder para superar os golpes externos, e tais poderes dependem do ser se autodescobrir.

A porta do poder nietzschiano é uma porta que abre por dentro, apenas. A porta dos valores, dos hábitos e comportamentos.

---

3 DELEUZE, G. *Bergsonismo*. São Paulo: Editora 34, 2012.

4 NIETZSCHE, F. *Assim falou Zaratustra*. São Paulo: Companhia de Bolso, 2019, p. 148.

O arrombar seria uma forma de violência que não teria correspondência com o propósito verdadeiro. "O homem de espécie nobre se sente como aquele que determina valores, ele não tem necessidade de ser abonado, ele julga: 'o que me é prejudicial é prejudicial em si, sabe-se como o único que empresta honra às coisas, que *cria valores*".[5] Estando forte o suficiente, com sua consciência alinhada à sua partícula divina e seus propósitos e valores de vida, o indivíduo em transformação e superação consegue avançar para o próximo passo. Superar as decepções, as violências exteriores, as pressões internas e externas que teimam em rebaixar o ser à sua condição animalesca. É preciso superar o instinto de sobrevivência do cérebro reptiliano e passar por cima dos sentimentos de culpa, remorso, dor, desprezo, castigo.

A fortaleza do ser não apenas precisa resistir, mas também brilhar mais do que suas sombras. Apenas assim é possível interpretar de forma correta o evangelho. "Não se acha, em toda a psicologia do 'evangelho', o conceito de culpa e castigo; nem o conceito de recompensas. O 'pecado', qualquer relação distanciada entre Deus e homem, está abolido – justamente isso é a 'boa-nova'."[6] Não há a marcação definitiva de um pecado original ou um (in)consciente castrador de pecador, mas da perfectibilidade do ser humano, que precisa acertar mais do que errar e estar indo na direção certa.

A paralisia não pode ser pelo erro, pois este ainda é natural de um ser em processo de aperfeiçoamento. Portanto, o ser humano precisa acumular essa vontade de força e potência para que não seja esmagado pelo mundo e suas forças castradoras. É necessário ser maior que os obstáculos para ver perfeitamente e entender o que realmente precisa ser feito. "Jesus não podia querer outra coisa, com a sua morte, senão dar publicamente a mais forte demonstração, a

5 *Idem*, 2005, p. 156, grifo do autor.

6 *Idem*, 2016, p. 39.

prova de sua doutrina... Mas seus discípulos estavam longe de perdoar essa morte [...] precisamente o sentimento mais 'inevangélico', a vingança passou a prevalecer."[7] Discípulos fracos tornam fracos os ensinamentos, assim como para Camões "um fraco rei faz fraca a forte gente",[8] assim como o contrário também é possível. É preciso ter força interior para superar os desafios, sejam estes internos ou externos. Ou seja, ter força interior para não se afundar, transformando as dificuldades e provações em verdadeiras testemunhas da potência de realização do ser humano, passando adiante sua luz interior e sua criação.[9]

4.1.1 Parábola do oceano

O ser mundano é como um rio caudaloso. É preciso aprender a viver e a controlar a turbulência e a mutabilidade da superfície. É preciso aprender o caminho do refúgio e da reflexão das águas profundas. A paz e a riqueza, a espiritualidade e a harmonia estão no Oceano de Deus.

4.2 Não se afundar: ganhar a graça

Em muitos momentos o mestre Nazareno expressa valiosíssimos ensinamentos, que se alinham com a necessidade da humanidade de evitar as armadilhas da vida. Em uma passagem do evangelho de Mateus há uma inolvidável lição: "Concilia-te depressa com o teu adversário, enquanto estás no caminho com ele, para que não aconteça que o adversário te entregue ao juiz, e o juiz te entregue ao oficial, e te encerrem na prisão".[10] Tal adversário são os próprios

7 *Ibid.*, p. 46.

8 CAMÕES, L. *Os Lusíadas*. Lisboa: Instituto Camões, 2000, canto III, estrofe 138, p. 133.

9 SALTER, 1913, p. 472.

10 Mat. 5: 25.

sentimentos e as paixões humanas. É necessário saber equilibrar as emoções para que não se perca a cabeça. É preciso saber navegar tanto em águas pacíficas quanto em bravias para se chegar ao porto desejado. Por isso a etapa anterior é tão importante, pois "aquele que tem um porquê para viver pode suportar quase qualquer como".[11]

Aliás, para Nietzsche, o capitão forte do navio é criado por meio das tempestades que ele enfrenta. São as tempestades, as ondas gigantes, os ventos hercúleos que criam pessoas extraordinárias, que conseguem tirar energia e ânimo de onde já não restava muita esperança. Todavia, os desafios não podem animalizar ainda mais o capitão, tal como belamente romanceado por Jack London com o seu *O Lobo do Mar*. É necessário ser resistente, mas não insensível. Ser forte, mas não autoritário. Ser conhecedor, mas não esnobe. Para superar grandes desafios, é preciso primeiro superar seus próprios temores, fantasmas e medos. Em outras palavras, é necessário que o ser humano se cure primeiro, mesmo que seja indo contra os impulsos usuais do coração. Antes de ajudar os outros e o mundo, é preciso não ser um doente, mesmo que a doença possa ajudar em uma reflexão mais profunda e na difícil tarefa de sair da zona de conforto.

Essa relação que Nietzsche teve com a sua longa enfermidade permitiu que ele criasse anticorpos para o niilismo e também para a efemeridade da matéria. Percebeu a importância da psicologia como a rainha de todas as outras ciências,[12] bem como da importância de um *mindset* e autocontrole adequados. As ilusões da matéria são para mentes desavisadas, pois o mundo não é um lugar dentro de um sonho feliz, mas a possibilidade de transformar as rudezas e dores do mundo e o maltrato das pessoas em um lugar com condições mais agradáveis. No dito popular, o mundo é duro

11 NIETZSCHE *apud* FRANKL, 2003.

12 NIETZSCHE, 2005, aforismo 23.

para quem é mole demais. Por isso, o importante são as atitudes e a postura para reagir a tais adversidades. Dentro dos vários problemas e endemias das relações humanas, Nietzsche foca na questão do ressentimento: "Estar livre de ressentimento, estar esclarecido sobre o ressentimento – quem sabe até que ponto também nisso devo ser grato à minha longa enfermidade!".[13] Estar ressentido é estar sentindo novamente uma dor, uma imagem triste, uma mágoa e, por isso, representa um verdadeiro presente de grego ao seu possuidor. Estar livre de ressentimentos permite que o ser esteja mais leve para voos mais elevados. O importante aqui é não se envenenar com cargas mentais tóxicas que aprisionam as energias e pensamentos do ser, mesmo que ele não tenha sido culpado das imperfeições dos outros.

Assim, não é possível esperar perfeição de quem é imperfeito. Nietzsche tinha plena noção disso, e essa seria a melhor estratégia para ele seguir adiante. "Estar doente é em si uma forma de ressentimento. – Contra isso o doente tem apenas um grande remédio – eu o chamo de *fatalismo* russo, aquele fatalismo sem revolta, com o qual o soldado russo para quem a campanha se tornou dura demais finalmente se deita na neve."[14] Ou seja, não se revoltar com as dificuldades da vida e com as imperfeições dos outros é um ponto fundamental para Nietzsche na busca da autorrealização. Quem fere o outro, fere principalmente a si próprio. É preciso tomar cuidado com as emoções, pois o ressentimento é o ressecamento do coração humano, de suas veias, suas emoções e energias. Quem resseca não tem abundância. Ressecar significa empobrecer, de vida, de sentimentos, de amor. O ser humano, quanto mais velho, mais ressecado é. Um bebê apresenta, em mais de 90% do corpo dele, o elemento água. O adulto, por volta de 70%. Já uma pessoa na terceira idade

---

13 *Idem*, 2008, p. 27.

14 *Ibid.*, p. 28.

apresenta menos de 70%. Há um ressecamento natural. É a metáfora da criação do ser humano do barro da terra ("O Senhor Deus formou, pois, o homem do barro da terra, e inspirou-lhe nas narinas um sopro de vida e o homem se tornou um ser vivente").[15]

Todavia, o importante aqui é o coração. A alma dos sentimentos. Ter um coração de criança, não ressecado, puro, cheio de esperança e compaixão, entusiasmo pela vida e simpatia por todos. "Inocência é a criança, e esquecimento; um novo começo, um jogo, uma roda a girar por si mesma, um primeiro movimento, um sagrado dizer-sim."[16] É esse coração pleno que responde à pergunta dos discípulos de Jesus sobre "Quem é o maior no Reino dos Céus?".[17] Por outro lado, um coração envelhecido, ressecado, ressentido representa um coração fraco e doente a ponto de quebrar como um vaso de argila sem beleza. De acordo com Nietzsche, a renovação e a pureza da criança representam o último processo de transformação humana, sendo o camelo e o leão as etapas anteriores. O camelo, a primeira das fases, representa o ser humano carregado pelo peso das tradições antigas e das normas sociais. A dura lei de talião, "olho por olho, dente por dente", representa, por exemplo, a época do camelo. Ressentimentos, ressecamentos do coração também podem estar associados ao camelo.

Para Nietzsche, "o ressentimento, nascido da fraqueza, a ninguém mais prejudicial do que ao fraco mesmo – no outro caso, em que se pressupõe uma natureza rica, um sentimento supérfluo, um sentimento tal que dominá-lo é quase a prova da riqueza. Quem conhece a seriedade com que minha filosofia perseguiu a luta contra os sentimentos de vingança e rancor, até ao interior da doutrina

15 Gen. 2: 7.

16 NIETZSCHE, 2019, p. 26.

17 Mat. 18: 1.

do 'livre-arbítrio'".[18] Essa filosofia do livre-arbítrio, do eu quero, eu posso, é a fase do leão. A coragem de buscar melhorias, de novos valores, de liberdade das amarras e do uso responsável do poder. Do animal de carga submisso para o profundo leão. Todavia, do leão ainda há a última metamorfose para a criança do coração puro, da inocência, do perdão e do riso fácil, da regra de ouro: amar ao próximo como a si mesmo. Apenas deslocando a humanidade da lei de talião para a lei de ouro é que é possível passar de um sentimento de culpa *ad aeternum* da humanidade para uma atitude positiva frente à escola da vida. Ou seja, a filosofia de Nietzsche é uma filosofia da racionalidade e do poder de vontade para o alcance da autorrealização e da plenitude humana por meio da aprendizagem e das atitudes corretas.

Outro ponto importante é a aproximação com a transcendência para Deus. Como exposto no Sermão da Montanha: "Bem-aventurados os limpos de coração, porque eles verão a Deus".[19] Um coração limpo e repleto de bons sentimentos em direção aos objetivos elevados e enobrecedores da vida é algo comum, tanto na doutrina do mestre Nazareno quanto no budismo.

É importante destacar que o pensamento oriental teve fortes influências na filosofia de Nietzsche, não apenas o budismo, mas também a tradição védica de forma geral. Não apenas pelas amizades que Nietzsche desenvolveu ao longo da vida, mas também pelo fruto do próprio interesse pelo exotismo oriental existente na Alemanha no século XIX. Nietzsche percebeu que havia, no budismo, um destaque para a questão do ressentimento. "O ressentimento é o proibido em si para o doente – seu mal: infelizmente também sua mais natural inclinação. – Isso compreendeu aquele profundo fisiólogo que foi Buda. Sua 'religião', que se poderia designar mais

---

18 NIETZSCHE, 2008, p. 28.

19 Mat. 5: 8.

corretamente como uma higiene, para não confundi-la com coisas lastimáveis como o cristianismo, fazia depender sua eficácia da vitória sobre o ressentimento: libertar a alma dele – primeiro passo para a convalescença. 'Não pela inimizade termina a inimizade, pela amizade termina a inimizade'; isto se acha no começo dos ensinamentos de Buda – assim não fala a moral, assim fala a fisiologia."[20]

Com isso, somos os decisores da forma como reagimos às reações dos outros para conosco. Não temos o poder de decidir o destino dos outros, mas temos o poder de decidir o que queremos e desejamos para nós. Enfim, como se reflete no sugestivo título de uma peça de Shakespeare: "Bem está o que bem acaba". Para tanto, manter o coração e a mente livres de ressentimentos pode ser parte de uma estratégia de duas situações: I) perdoar quando a pessoa não te trata bem e II) agradecer quando a pessoa te trata bem.

4.2.1 Parábola do saldo bancário

O Senhor tinha dois trabalhadores. O primeiro trabalhava de forma incansável com a atitude de pagar seus débitos realizados em épocas anteriores de imaturidade e juventude. O segundo trabalhador nunca se preocupou em consultar saldos e extratos, continuando a gastar na conta do destino. Um belo dia, o Senhor perdoou a dívida do primeiro, mas não a do segundo.

4.2.2 Quando alguém NÃO te trata bem: ***LEI DO PERDÃO***

Os relacionamentos humanos representam uma importante parcela da riqueza de uma pessoa. Ter boas amizades e bons relacionamentos auxilia no preenchimento de suas necessidades sociais,[21] bem como na sua própria felicidade. Todavia, viver e depender de

---

20 NIETZSCHE, *op. cit.*, p. 28.

21 MASLOW, A. "Higher, and Lower Needs". *Journal of Psychology: Interdisciplinary and Applied*, 25 (2): 433-436, 1948 (Reino Unido).

outras pessoas não é uma tarefa fácil. O que parecia uma condição óbvia e banal, infelizmente não é. Não se pode esperar perfeição todo o tempo de pessoas imperfeitas. Mesmo para Jesus, ser traído por um dos discípulos e abandonado e negado por outros representou uma dura prova. Uma coisa é ser magoado por pessoas inimigas, outra por pessoas que são parte especial da vida. E essa dura lição ainda continua sendo aplicada, reprovando a muitos que são postos à prova; apesar de serem dadas segundas e terceiras chances para outros tantos, há aqueles que se mostram exemplos de vitória. E quanto mais gloriosa é a vitória, maiores são os méritos. Não é por falta de atenção do evangelho, pois há mais de duas dezenas de ensinamentos e lições sobre tal questão, todavia, é um espinho que precisamos superar.

Há duas passagens sobre o perdão no Evangelho de Mateus que merecem destaque. A primeira é a da necessidade de sermos amplos, sem limites para o perdão:

> *Então, Pedro, aproximando-se dele, disse: Senhor, até quantas vezes pecará meu irmão contra mim, e eu lhe perdoarei? Até sete? Jesus lhe disse: Não te digo que até sete; mas até setenta vezes sete.*[22]

Contudo, não é fácil ser aquele que dá o perdão. Há marcação em nossos sentimentos que nos estigmatizam e que podem nos causar aflição por longos períodos de tempo caso não tenhamos consciência dos perigos de uma mente que não perdoa, que não abandona o fardo do passado, que não consegue ter tranquilidade e paz. A dor, enquanto sentimento, ressoa por mais tempo do que a dor física.[23] Ou, ainda, nas palavras de Borges, "nossa mente é porosa

---

22 Mat. 18: 21-22.

23 SMITH, A. *Teoria dos Sentimentos Morais.* São Paulo: Martins Fontes, 1999.

para o esquecimento".[24] Todavia, tudo passa. Continuar bebendo do cálice envenenado do ressentimento é um prazer masoquista que não vale a pena. Apenas quem abunda de vontade de potência consegue ser maior do que o próprio delito inicial, cancelando a dívida.[25] É a condição de nobreza superior de sentimentos e de riqueza do coração e do intelecto que permite não se escravizar por dívidas sentimentais e questões mundanas de pequena monta.[26] É necessário perdoar para seguir adiante e deixar nas mãos do tempo e do Universo os devidos saldos de justiça. É seguir o exemplo de Jesus na cruz, que afetuosamente perdoou a humanidade, bem como da vivência da oração dominical.

Além disso, para Nietzsche, a segunda passagem do perdão no Evangelho de Mateus (Mat. 6: 14-15) serve de coluna de sustentação ao perdão:

> *Porque, se perdoardes aos homens as suas ofensas, também vosso Pai celestial vos perdoará a vós; Se, porém, não perdoardes aos homens as suas ofensas, também vosso Pai vos não perdoará as vossas ofensas.*

Quem ofende ataca. Todavia, quem perdoa ganha. Quem perdoa mostra a sua superioridade, seu controle emocional, sua visão em direção aos resultados finais, sua grandeza. Quem não perdoa fica preso em um tempo de mágoas, em pensamentos ruins e uma nuvem de negatividade e energias deletérias. O perdão não apenas liberta os envolvidos, mas também permite o aprimoramento das relações entre eles. Ou seja, quem dá o perdão possibilita o "juntar novamente", o reconciliar-se das partes. De acordo com a grande alma da Índia, Mahatma Gandhi, "o fraco jamais perdoa.

---

24 Borges, J. *O Aleph*. Lisboa: Estampa, 1988, p. 67.

25 Mat. 18: 27.

26 NIETZSCHE, 2005, aforismo 260.

O perdão é uma das características do forte". Quem perdoa se torna possível de exercer sua nobreza, bem como encurtar a dor. Quem perdoa ameniza a dor, mas quem não consegue perdoar carrega a dor por um período extenso. Com isso, é mais racional e estratégico lançar mão do perdão. É ser ativo na vida e em direção à graça divina. Esse é o indivíduo soberano, como o fruto mais maduro da árvore do conhecimento e do poder, aquele que é o ser "da vontade própria, duradoura e independente, o que pode fazer promessas – e nele encontramos, vibrante em cada músculo, uma orgulhosa consciência do que foi finalmente alcançado e está nele encarnado, uma verdadeira consciência de poder e liberdade, um sentimento de realização".[27]

Tal como uma conta bancária emocional, aquele que fere e dá demonstrações de falta de qualidades superiores deposita pontos na conta do credor, aquele que sofre as acusações e não revida. Sempre é melhor ser credor do que devedor. Muitas vezes, perdoar é não revidar, fazer vista grossa, não dar valor a atos e atitudes em questões sem importância. E isso demonstra a superioridade do ser enobrecido. Para Nietzsche, "O 'credor' se torna sempre mais humano, na medida em que se torna mais rico; e o quanto de injúria ele pode suportar sem sofrer é, por fim, a própria medida de sua riqueza".[28]

A criatividade do credor, do ser em grande conta com o Universo, pode ser desde o esquecimento e a supressão da justiça até o próprio humor de se divertir com as situações estranhas. Por exemplo: "Minha forma de retribuição consiste em fazer seguir à estupidez, o mais rapidamente possível, algo inteligente: talvez assim ainda se possa apanhá-la. Usando uma imagem: envio um recipiente com doces para desfazer-me de uma coisa azeda... Basta que me façam algo de mal, eu o 'retribuo', disso esteja-se seguro: logo

27 *Idem*, 2007b, p. 49.

28 *Ibid.*, p. 62.

encontro oportunidade de expressar minha gratidão ao 'malfeitor' (por vezes até pelo malfeito) – ou de pedir-lhe algo, o que pode ser mais cortês do que dar algo...".[29]

Essa é a grandiosidade de um ser pleno de vontade de poder, de criação e realização, uma pessoa que prefere acreditar nas graças divinas e na racionalidade da lei da ação e reação do Universo cósmico tal como posto na Bíblia: "Tudo o que o homem semear, isso também ceifará".[30] Ou seja, o perdão nietzschiano não se reveste de puro altruísmo ou ingenuidade, mas estratégia de autoproteção e defesa de seu próprio patrimônio material e espiritual. Seguindo nessa mesma linha de raciocínio, para as pessoas que te tratam bem, é importante exercitar a gratidão.

4.2.3 Parábola da corrente

Havia uma corrente curta que unia dois pássaros, impedindo--os de voarem livres. A corrente não estava amarrada, não havia cadeados, apenas um leve nó fácil de ser desarmado. Quando um puxava o nó para si para apertar o outro, acabava se apertando também. Com o tempo, apertar o outro se tornou mais importante do que se soltar. Apenas necessitava a mudança de atitude de competição para a de cooperação de ambos os pássaros para que ambos se livrassem da armadilha.

4.2.4 Quando alguém te trata bem: ***LEI DA GRATIDÃO***

"Um homem de gênio é insuportável se não possui ao menos duas coisas mais: gratidão e asseio."[31] O asseio pode ser relacionado ao perdão e ao não se sujar, enquanto que a gratidão reforça ainda mais relações benquistas. Tanto um quanto o outro elevam o ser

29 *Idem*, 2008, p. 27.

30 Gal. 6: 7.

31 NIETZSCHE, 2005, p. 63.

nas relações humanas, principalmente aumentando a solidariedade e a cooperação entre as pessoas. Além disso, torna mais humanizado o ser humano. A palavra gratidão tem origem no latim *gratia*, que significa graça. Quem tem gratidão, é grato por algo ou alguém. É a estratégia nietzschiana das relações humanas, um verdadeiro estrategista na conquista de uma posição superior das graças (divinas e humanas). Então, para Nietzsche, é possível obter a graça ao dar o perdão ou a gratidão, dois lados de uma mesma moeda que enriquecem e enobrecem o ser. Eis uma visão inspirada nos próprios exemplos clássicos dos gregos: "Aquilo que assombra, na religiosidade dos antigos gregos, é a exuberante gratidão que ela irradia – é uma espécie muito nobre de homem, a que assim se coloca perante a vida e a natureza!".[32]

Já o ser ingrato é o oposto: ele é um ser pequeno, fraco, preso à inveja e a impulsos inferiores. O ingrato ainda não está pronto para usufruir das benesses do Universo. Em um valioso ensinamento bíblico, há uma passagem contundente em Lucas 17: 14-19 sobre a (in)gratidão:

> *Ao vê-los, ele disse: 'Vão mostrar-se aos sacerdotes'. Enquanto eles iam, foram purificados. Um deles, quando viu que estava curado, voltou, louvando a Deus em alta voz. Prostrou-se aos pés de Jesus e lhe agradeceu. Este era samaritano. Jesus perguntou: 'Não foram purificados todos os dez? Onde estão os outros nove? Não se achou nenhum que voltasse e desse louvor a Deus, a não ser este estrangeiro?'. Então ele lhe disse: 'Levante-se e vá; a sua fé o salvou'.*

Ser grato é não apenas pesar na balança do destino, mas também continuar semeando as boas sementes que, um dia, terá que colher. Todavia, a gratidão não se restringe à simples questão da

---

32 *Ibid.*, p. 51.

retribuição, de retribuir aqueles que fizeram algo para não ficar devendo favores. A gratidão-retribuição é o que Nietzsche chama de "suave vingança" ao benfeitor.[33] Porém, a gratidão vai bem além do utilitarismo e adentra na própria questão terapêutica do ser e de suas emoções passadas. Ser grato é encher a vida da alegria de viver, de estar integrado em um ambiente propício ao desenvolvimento e aos laços da amizade e do amor, sintonizando seu canal íntimo com o bem incessante e os ideais de progresso. Estar em gratidão é encher-se de bons pensamentos, sentimentos e propósitos, tal como enamorado que vê beleza em tudo.

No dito popular: a beleza está nos olhos de quem a vê. E quem está em gratidão tem a estética mais apurada e atenta para a beleza e os milagres do Universo. Se "o essencial é invisível aos olhos. Só se vê bem com o coração",[34] então quem é grato tem a chave para acessar tal tesouro, o tesouro de ser grato pela vida e seus presentes. A gratidão representa uma forma de harmonizar-se com o Universo, bem como de tranquilizar-se com aquilo que acontece de bom ou ruim na vida. Quem é grato, mesmo em situações difíceis, evita o acúmulo de energias ruins e pensamentos presos e recorrentes em acontecimentos ruins. A gratidão representa um passo importante no avanço do ser na vida, principalmente quando é exercida de forma desinteressada e sem pretensões de vaidade ou orgulho. A gratidão não é um palco do holofote do ego, mas algo que não mostra para sua mão esquerda o que fez a direita.[35] Além disso, a gratidão mais elevada não espera retribuição, tampouco olha a quem. Em outras palavras, "Uma alma nobre gostará de se sentir

---

33 NIETZCHE, F. *Humano, demasiado humano*. São Paulo: Companhia de Bolso, 2005, n.º 44.

34 SAINT-EXUPÉRY, A. *O pequeno príncipe*. Rio de Janeiro: Agir, [s.d.], cap. XXI.

35 Mat. 6: 3.

obrigada à gratidão, e não evitará medrosamente as ocasiões de se obrigar a algo ou alguém; também se mostrará serena depois, ao expressar sua gratidão; enquanto as almas baixas resistem a tudo o que pode obrigá-las, ou depois exageram e são muito ávidas em expressar a gratidão".[36]

O hábito da gratidão representa uma maneira de vibrar positivamente na vida, de afastar-se dos desprazeres e das armadilhas do ego, do orgulho e da vaidade. Pela gratidão também se ultrapassam as convencionalidades da época, e ela se faz não porque é etiqueta social, mas se faz pela grandeza que se aspira e deseja no ser. Nas sábias palavras de Confúcio: "Aja com bondade, mas não espere gratidão". É na busca de ares mais frescos e salutares que a gratidão se insere como papel fundamental e desafiante no projeto de luz humana, independente da escuridão e frieza do coração alheio. A gratidão é, em muitas instâncias, as sementes de luz que proporcionam paz de espírito, conforto espiritual e esperança para um mundo melhor.

Essa luz pode ser intensificada quando se é grato mesmo quando não se parece ter nenhum sentido. É a gratidão de Jó.[37] É a virada da atitude mental, de pura reclamação e queixa, para agradecimento e aprendizagem. De vinagre para vinho. Do queixume para um delicado perfume de aspiração para novos ares, novas perspectivas. Com a gratidão, há treinamento da ternura mental e de boas vibrações que inundam o ser. A gratidão é um ato recíproco, no qual recebe tanto o beneficiário quanto o benfeitor. Difícil é saber quem ganha mais. De certo modo, ser grato é revestir-se com o manto do bom samaritano[38] e ajudar os que necessitam, seja do lado material, seja

---

36 NIETZSCHE, F. *Humano, demasiado humano.* São Paulo: Companhia de Bolso, 2005, n.º 366.

37 Jó 42: 10.

38 Lc. 10: 25-37.

do espiritual. Ademais, a gratidão é contagiante e beneficia com ares positivos e de amor as pessoas envolvidas, mesmo as que não participaram diretamente do evento. Ser grato é uma forma de embelezar as relações sociais, bem como de auxiliar no processo de continuidade. Com a gratidão, há a transcendência do ser, do egoísmo para o altruísmo, da posse para a distribuição, da necessidade para o alívio, do isolamento para a conexão.

De certo modo, tanto o perdão quanto a gratidão protegem e dão luz às boas lembranças, à boa memória e, por conseguinte, à inspiração divina, já que as musas eram filhas justamente de Mnemósine, a deusa da memória, e de Zeus. As musas são as figuras lendárias que inspiravam e traziam boas ideias aos artistas. Tanto Apolo quanto Dionísio participavam de forma ativa no mundo da criação e das artes, sendo que Apolo tem como principais atributos a técnica e a regularidade, enquanto que a Dionísio são atribuídas a criatividade e a improvisação. Apesar das divergências entre eles, tanto Apolo quanto Dionísio representam as artes, a criação e execução, a consciência e o transe de criar com e pela graça. Apolo e Dionísio representam o *yin-yang* da criação, apesar de Nietzsche ser declaradamente o último discípulo de Dionísio e suas bacantes.

Para Jung,[39] Cristo pode significar esse equilíbrio entre Apolo e Dionísio, entre o lado racional e o emocional, a constância e a mudança, a apropriação de um modelo que visa a harmonia e a ascensão. É a virtude da coluna: "quanto mais ela sobe, fica tanto mais bela e delicada, mas interiormente mais dura e resistente".[40] Nesse ponto, o "estado da graça", "cair na graça", o "ar da graça" e "dar graça" são apenas alguns exemplos da função do perdão e da

39 JUNG, C. G. *Mysterium coniunctionis*. Princeton: Princeton University Press, 1989.

40 NIETZSCHE, 2019, p. 114.

gratidão sobre a condição de simpatia, elegância e grandiosidade, o que torna o ser apto para a sua realização última para se aproximar definitivamente de Deus, a cocriação.

4.2.5 Parábola do cadeado

O baú do tesouro foi trancado com um grosso cadeado. O cadeado era resistente à força física e por isso não podia ser aberto com violência. Apenas com o uso de certo óleo o cadeado se tornava menos travado e de mais fácil desarme.

4.3 Elevar-se: cocriação – *amor fati*

A cocriação e o chamamento de Deus para que o ser humano participe ativamente da construção de seu destino e do mundo é passagem corriqueira na *Bíblia Sagrada* desde Jó e Ester, no Antigo Testamento, até mesmo no apóstolo Paulo, cuja mudança de vida tem repercussões até hoje. Uma das passagens mais claras é a parábola dos talentos.[41] A aplicação dos talentos, do trabalho que multiplica os bens representa o amadurecimento do ser. Não adianta comer do fruto do conhecimento e não dar frutos. É necessário que o indivíduo frutifique, que realize obras, que avance a tecnologia, o conhecimento e o amor. Em outras palavras, "uma árvore é conhecida pelo seu fruto".[42] Todavia, o fruto não vem sem os espinhos e talvez sejam estes mesmos que tornam doce a vitória sobre as dificuldades e mazelas da vida.

Na trajetória bíblica, a passagem do julgamento de Jesus e a célebre frase utilizada por Pôncio Pilatos sobre o cestre Nazareno, *Ecce Homo*, representa o ponto culminante da expressão do equilíbrio emocional e no poder de superioridade de Jesus, a ponto de

41 Mat. 25: 14-30.

42 Mat. 12: 33.

Nietzsche utilizar tal expressão para o seu próprio livro autobiográfico. Nesse mesmo livro, aponta Nietzsche: "Os figos caem das árvores, são bons e doces: e, ao caírem, rasga-se sua pele rubra. Um vento do norte sou para os figos maduros".[43] O vento norte é o vento da mudança, não aquele que traz conforto térmico e lazer, mas arrefecimento, resiliência, autorreflexão sobre a sobrevivência e a vida. O inverno é a estação de Nietzsche. É o que busca trazer as paisagens e aromas mais ricos, apesar da situação paradoxal. Nesse mesmo sentido, expressa o cântico de Salomão: "Levanta-te, vento norte, e vem tu, vento sul; assopra no meu jardim, para que destilem os seus aromas. Ah! entre o meu amado no jardim, e coma os seus frutos excelentes!".[44]

E é nesses paradoxos de inverno e rigor, conhecimento e fruto, ação e amor que há o amadurecimento psicológico e espiritual do ser humano. Não é uma tarefa fácil, mas certamente é recompensadora, tal como desejou e vivenciou São João da Cruz, o doutor da igreja que desejava força para trabalhar e tolerância para aguentar as durezas do mundo. Todavia, nem todos estarão dispostos ao sacrifício, a tornar sacra a vida, mas apenas os que possuem poder e conhecimento, vontade e experiência para tais atos. São esses que podem ser chamados de "além-do-homem", os que conseguiram atravessar a dura ponte entre o reino animal e o angelical a ponto de poder passar por entre os guardas do jardim original do livro de Gênesis:

> *Ninguém pode construir em teu lugar as pontes que precisarás passar, para atravessar o rio da vida – ninguém, exceto tu, só tu. Existem, por certo, atalhos sem números, e pontes, e semideuses que se oferecerão para levar-te além do rio; mas isso te*

43 NIETZSCHE, 2008, p. 17.

44 Cant. 4: 16.

custaria a tua própria pessoa; tu te hipotecarias e te perderias. Existe no mundo um único caminho por onde só tu podes passar. Onde leva? Não perguntes, segue-o.[45]

A história de Gênesis representa menos a origem do que o destino final do ser humano. E é com o destino que Nietzsche está preocupado. É ultrapassar o próprio homem comum que apenas está preocupado com seu estômago fisiológico e suas necessidades grosseiras para ir adiante, transformando-se em um ser poderoso, com aptidões estético-intuitivas e inteligência fora do comum e que desafiam a construção de um novo paraíso na Terra para ganhar até o direito de voltar ao lugar original. Sendo assim, "conhecedor de si! Carrasco de si".[46] Ou seja, quem muito pode, muito deve. É necessário ser menos crítico com o mundo, suas mazelas e imperfeições, mas crítico de si mesmo e criar um projeto de autoaperfeiçoamento e burilamento de seus defeitos. Quem economiza na vida, a desperdiça. É preciso fazer mais e fazer pensando no desenvolvimento dos ideais universais, o bem, o belo e o justo platônico. Com isso, "a vida tornou-se me leve, a mais leve, quando exigiu de mim o mais pesado".[47]

O autossacrifício de Jesus e outros grandes mestres da humanidade em prol do bem comum representa um caminho a ser imitado e difundido. Seus livros representam uma tentativa de voltar ao espírito original e a busca de uma frescura perdida com a cristalização de certos hábitos e instituições. Apenas um martelo bem pesado e uma voz bem estridente que subiu na montanha mais alta poderiam chamar a atenção necessária de uma humanidade que, dormente, continua ainda desconfiada da luz interior. Todavia, "Porque muitos

---

45 NIETZSCHE, 2019.

46 *Idem*, 2016, p. 105.

47 *Idem*, 2008, p. 48.

são chamados, mas poucos escolhidos".[48] Não porque foram excluídos ou negados, mas porque a zona de conforto do ser humano é muito ampla e os prazeres doces da matéria são muito fortes. É necessário certo estoicismo para sair e aguentar a vida fora da zona de conforto. Por isso, para Nietzsche, "o homem heroico despreza seu bem ou mal-estar, suas virtudes e vícios".[49] A vida não é um período de férias e descanso do espírito, mas de busca de mais conhecimentos e experiências práticas para a construção de sua morada. A resposta de Nietzsche a esse desafio é muito emblemática e cheia de valores superiores: "Minha fórmula para a grandeza no homem é *amor fati* [amor ao destino]: nada querer diferente, seja para trás, seja para a frente, seja em toda a eternidade. Não apenas suportar o necessário, menos ainda ocultá-lo – todo idealismo é mendacidade ante o necessário –, mas amá-lo...".[50]

O amor ao destino, *amor fati*, é o exercício de poder e ação do ser no mundo. É o agir de forma positiva, corajosa e enobrecida frente a um mundo cheio de imperfeições e injustiças. É o Zaratustra de Nietzsche, seguir adiante, apesar das tempestades. "Nietzsche vê o mundo e a pertença do homem ao mundo, na qual o homem é confirmado em seu dizer sim."[51]

Em outras palavras:

> *Porque não é boa a árvore que dá maus frutos, nem má árvore a que dá bons frutos. Porquanto cada árvore é conhecida pelo seu fruto. Porque nem os homens colhem figos dos espinheiros, nem dos abrolhos vindimam uvas. O homem bom, do bom tesouro do seu coração tira o bem; e o homem mau, do mau*

---

48 Mat. 22: 14.

49 NIETZSCHE, 2018, p. 58.

50 *Idem*, 2008, p. 48-9.

51 HEIDEGGER, M. *Nietzsche: Seminários de 1937 a 1944*. Petrópolis: Vozes, 2015, p. 58.

tesouro tira o mal. Porque, do que está cheio o coração, disso é que fala a boca.[52]

O ser humano pode ser o protagonista da própria vida, autodeterminando-se, sendo aquilo que ele quer ser, e sua para isso. É afirmar-se pelas suas próprias obras, pois é pela qualidade destas que mostrará sua inteligência e maturidade, assim como os artefatos e produtos demonstram a sofisticação de um povo. Aliás, a palavra tecnologia tem origem nas palavras do grego antigo *techne* (relacionada às técnicas e maneiras de realizar determinada atividade) e *logos* (que é ligada à razão). Quanto mais apurada for a tecnologia, maior é o desenvolvimento do conhecimento e da inteligência humana. É o homem compartilhando o poder de cocriação de novos produtos, serviços e elementos que vêm transformando o ambiente e a sociedade. Tal capacitação de alteração no mundo físico precisa vir equilibrada com a ética, a estética e o desenvolvimento moral para que o progresso se mostre sustentável e durável.

É necessário estimular e desenvolver o herói-criador interno que existe em todos nós. A cocriação é o exercício de poder de criação e transformação do mundo físico por meio de um ser inteligente e com energia. Todavia, nem toda cocriação convém. Conforme a observação do apóstolo Paulo: "Tudo me é permitido, mas nem tudo convém".[53] Uma cocriação que estimule o lado bom, a estética, a saúde e o lado positivo do ser humano e de suas relações é algo que engrandece e enobrece o ser. Por outro lado, cocriações que fazem o mal retratam a perversidade do ser. Portanto, devemos seguir o exemplo do mestre Nazareno. "Jesus ia crescendo em sabedoria, estatura e graça diante de Deus e dos homens."[54] Não é um mundo de um ser mimado e infantilizado que vive no paraíso da redoma

52 Lc. 6: 43-45.

53 1 Cor. 6: 12.

54 Lc. 2: 52.

da infância, na qual os pais se sacrificam e fazem de tudo para satisfazer os filhos, mas o contrário: é um mundo de adultos em busca da autorrealização, no qual cada um vai ganhar conforme o próprio trabalho e sacrifício, bem como o fruto vai mostrar a qualidade da árvore. Livrar-se da postura e mente infantis é uma das tarefas do ser humano. É necessário amadurecimento psicológico e emocional, sem o endurecer e azedar do coração, ou seja, o paradoxo de ser duro e realista, mas sem perder a esperança, a fé, a doçura e a ternura das relações humanas.

Para Nietzsche, "o gênio não deve temer colocar-se na mais hostil contradição com as formas e ordenamentos estabelecidos se quiser trazer à luz a ordem e a verdade mais elevada que nele habitam".[55] É necessário acender as luzes internas sem esquecer que ainda há muita escuridão no mundo e que a escuridão não é o desânimo niilista, mas o estímulo para continuar brilhando ainda mais até que todos os filhos de Deus estejam bem, tal como vê-se na parábola do filho pródigo.[56] Assim, cada luz interna acesa fará diferença no mundo, uma vela acesa consegue iluminar e acender a outras tantas. O poder do exemplo, o poder do carisma e o poder do amor podem acender muitos pavios e tomar muitos corações. Apenas o amor tem o poder de mudar as pessoas que há tanto tempo perduram no erro e no caminho errado. Apenas o calor de um coração afetuoso pode diminuir a distância entre duas pessoas. Ou seja, "Tudo o que fizerem, façam de todo o coração, como para o Senhor, e não para os homens, sabendo que receberão do Senhor a recompensa da herança. É a Cristo, o Senhor, que vocês estão servindo".[57]

Viver, para Nietzsche, é para ser por inteiro. Nada de miséria, mesmo com as emoções, nada de economizar. É necessário

---

55 NIETZSCHE, 2018, p. 30.

56 Lc. 15: 32.

57 Col. 3: 23-24.

ser abundante. É necessário ser transbordante por inteiro. Razão e emoção. Matéria e espírito. Uma forma de afirmar-se positivamente na vida. Uma filosofia por demais nietzschiana,[58] uma forma de acariciar a razão com a beleza e a ternura dos sentimentos, possibilitando assim pintar o mundo com a estética da vida, não mais um jardim de sobrevivência e de cultivares ao estômago. Um jardim colorido, de cores pulsantes e perfumes de diferentes matizes, um verdadeiro jardim que alimenta e fortalece a alma, um jardim de graça. Apenas assim, "como fenômeno estético a existência ainda nos é suportável, e por meio da arte nos são dados olhos e mãos e, sobretudo, boa consciência, para podermos fazer de nós mesmos um tal fenômeno".[59]

4.3.1 Parábola do eco

Havia um mirante com vista para um vale de montanhas e um despenhadeiro de rochas. Naquele lugar, a acústica tinha muito eco. Um primeiro transeunte passou pelo mirante e gritou: ingrato. E o eco ressoou: "ingrato, ingrato, ingrato". Já o segundo transeunte, vendo a situação anterior, gritou: gratidão. E o eco ressoou: "gratidão, gratidão, gratidão". O mundo é como esse mirante de ecos.

4.3.2 Afirmar-se na vida

A palavra *afirmar* vem do latim *a + firmare*, logo, trata-se de tornar mais firme, mais forte, de consolidar e, portanto, tem um papel muito importante na filosofia de Nietzsche. Tal como na parábola da casa edificada sobre rocha ("Todo aquele, pois, que escuta estas minhas palavras, e as pratica, assemelhá-lo-ei ao homem

---

58 CLARK, M. "Suffering and the affirmation of life". *Journal of Nietzsche Studies*, 43 (1): 87-98, 2012 (Pensilvânia), p. 87.

59 NIETZSCHE, 2012, p. 124.

prudente, que edificou a sua casa sobre a rocha"),[60] Nietzsche percebe que a base são os valores humanos voltados à sua transcendência e de cunho idealista. É necessário ser testado e aguentar o teste do tempo, diferentemente do que ocorre com o conceito de último homem, que seria, para Nietzsche, equivalente àquelas pessoas que se acostumam com a pequenez da vida e seus pequenos confortos, sem buscar algo maior. Elas têm medo de sair da zona de conforto, acostumaram-se a viver com pouco e por isso não têm sede de grandeza ou vontade de poder e criação. São as que pisam mansinho no rebanho, resignadas a uma pequena felicidade do grão de areia, domesticadas, sem força ou apetite.

É diferentemente do ser superior que busca se ultrapassar, pois "O homem é algo que tem de ser superado".[61] Com base nesses valores e em seus propósitos de aquisição de melhorias, deve-se edificar uma vida que sirva de testemunha da perfectibilidade do ser ao longo do tempo. Afirmar-se na vida é adotar uma postura mental e de atitudes que levam ao progresso e ao desenvolvimento infinitos e, assim como a natureza é atraída pelo Sol, por exemplo, a força centrípeta de Deus e do Universo faz o indivíduo caminhar em sua direção. Fomos criados à semelhança de Deus e participamos e somos herdeiros da imensa riqueza da criação. Portanto, pretender algo menor é buscar pouco. É necessário querer grande, sonhar alto e trabalhar o mais intenso possível. É um autoburilamento constante.

Para Nietzsche, "Minha humanidade é uma contínua superação de mim mesmo".[62] Nisso, cabe principalmente as guerras internas contra os atavismos e hábitos ruins adquiridos em outras épocas, os queixumes mentais, a preguiça confortadora, o pensamento incompleto etc. Como bom filósofo, Nietzsche sabia que

---

60 Mat. 7: 24.

61 NIETZSCHE, 2019, p. 191.

62 *Idem*, 2008, p. 31.

as principais dificuldades seriam as batalhas mentais, internas, tais como expressas no venerável *Bhagavad Gita* dos vedas. Nela, Krishna procura auxiliar o príncipe arqueiro Arjuna dos Pandavas (bons hábitos) contra seus primos, os Kuravas (vícios). O texto, de cerca de 2.500 anos, trata justamente da batalha na consciência de se manter ativo e proativo em torno das virtudes contra as vicissitudes da vida. É necessário transcender, sair da zona da inércia, ir além do hedonismo e do imediatismo, superar as limitações da matéria e do próprio "eu" antigo com base nos valores do *self*. O *self* como um "eu" saudável, equilibrado, buscando combater o egoísmo, a vaidade, caminhando em direção à plenitude. Uma batalha diária e constante para eliminar de vez os maus pensamentos, os maus hábitos, atos, as más falas etc.

Enfim, uma luta para toda a vida, uma afeição e devoção à partícula divina. A filosofia de Nietzsche,[63] bem como a de Jesus e todos os grandes personagens da história humana, tem esse mesmo espírito guerreiro. É uma história de autossuperação. De acordo com Mirabile, "a batalha de Nietzsche é ontológica, não Bismarquiana ou Hitleriana. A batalha real é dentro de cada um".[64] Uma história de não desistir desta vida, tampouco de deixar-se abater pelas dificuldades e pelos atropelos que emergem sem aviso. Por isso, "quando se coloca o centro da gravidade da vida não na vida, mas no 'além' – no nada –, despoja-se a vida do seu centro de gravidade".[65] Esse é o segredo de Nietzsche: pensar no futuro, mas sem desperdiçar o presente, percebendo que o que realmente vale são os tesouros

---

63 PANGLE, T. L. "The 'warrior spirit' as an inklet to the political philosophy of Nietzsche's Zarathustra". *Nietzsche Studien*, 15: 140-179, 1986 (Alemanha).

64 MIRABILE, P. "Nietzsche and Aurobindo 'Le ressentiment'". *Nietzsche Studien*, 30 (1): 351-363, 2001 (Alemanha), p. 355, tradução nossa.

65 NIETZSCHE, 2016, p. 49.

duráveis e imateriais. Portanto, os tesouros verdadeiros da vida não poderiam ser encontrados na mutabilidade e na transitoriedade da matéria. Esta é um meio, não um fim. Conhecimentos edificantes, moral elevada acima dos próprios preconceitos e julgamentos da época, atos e ações exemplares, amores amplos e universais são apenas alguns dos tesouros amealhados por espíritos livres. Afirmar-se na vida é a busca daquilo que realmente importa. Afirmar-se na vida é não se desperdiçar. E, conforme Nietzsche, "não me desperdicei".[66] Buscando a origem da palavra, desperdiçar vem do latim *disperditio* e significa ruína, perdição, destruição. Portanto, quem se desperdiça, se destrói. Assim, correta está a posição de Oscar Wilde sobre "amar é nos ultrapassar".[67]

Por outro lado, quem cocria, constrói. A cocriação é um ato de se afirmar no mundo, bem como de alterar o próprio contexto e situação. A voz ativa (*vis creativa*) e participativa do verbo é encontrada na conhecida passagem inicial do Evangelho de João: "No princípio era o Verbo, e o Verbo estava com Deus, e o Verbo era Deus. Ele estava no princípio com Deus. Todas as coisas foram feitas por ele, e sem ele nada do que foi feito se fez".[68] Verbo expressa ação, agir no mundo. Todavia, nem toda ação vale, principalmente aquela que faz perder-se nela. É preciso combater o egoísmo, a vaidade e o orgulho, a tríade clássica da perdição. "A pessoa que executa seu dever sem apego, entregando os resultados ao Deus Supremo, não se afeta pela ação pecaminosa, assim como a folha de lótus não é tocada pela água".[69]

---

66 *Idem*, 2008, p. 33.

67 WILDE, O. "Amor". *In:* LECH, O.; LECH, M. B. *Frases inteligentes para lembrar e usar*. Passo Fundo: Méritos, 2010, p. 110.

68 Jo. 1: 1-3.

69 PRABHUPADA, A. C. B. S. *O Bhagavad Gita como ele é*. São Paulo: The Bhaktivedanta Book Trust, 1976, cap. 5, p. 222.

Contra os tempos sombrios, tem-se a frieza dos corações e a tecnologia intensiva; seja o exemplo de pessoas que se quer ter no mundo. É o estilo de liderança de Sócrates, de Jesus, de Gandhi, bem como de outro mestre indiano, Shankaracharya. É a liderança pelo exemplo. Não uma liderança que ofusca pela violência, mas uma liderança silenciosa, sutil, delicada para perceber a riqueza dos detalhes nas relações humanas. Pequenos detalhes muitas vezes importam mais do que nos damos conta. Pequenos gestos na liderança terna e humanizada fazem com que corações duros sejam tocados e mudem de comportamento. Não há outro remédio. É preciso amor e paciência, pois chega uma hora que a dor e o sofrimento cansam até o mais obstinado durão.

Ser líder não é um posto de mando e subordinação, mas de responsabilidades e preocupações conjuntas e comunitárias. Em outras palavras, "*l'effect c'est moi* [O efeito sou eu]: ocorre aqui o mesmo que em toda comunidade bem construída e feliz, a classe regente se identifica com os êxitos da comunidade".[70] É buscar agora não apenas se iluminar com a própria salvação, mas buscar um propósito ainda maior. Acender as luzes internas e depois, como uma vela, deixar a luz acesa no ponto mais alto para que outros venham a também acender a sua própria luz interior. É a busca de criação de um mar de luzes, cada um com a sua própria história, batalha e vitória. Cada pessoa é importante demais para ser deixada de lado.

Todavia, é necessário querer, pois "o destino é nada mais do que atos que nos comprometemos em um estado anterior de ser".[71]

---

70 NIETZSCHE, 2005, p. 24.

71 A citação de Nietzsche desta nota foi retirada do artigo de Brobjer (2004, p. 5), mas nesse artigo a frase é marcada como KGW. Nas notas, a sigla se refere a um livro de Friedrich Max Müller, *Essays*, mais especificamente do volume II, *Beiträge zur vergleichenden Mythologie und Ethologie*, do qual foi retirada a citação de Nietzsche.

Ou seja, temos o livre-arbítrio de escolher se queremos seguir com Nietzsche e Jesus ou não. Vai depender do estado mental e de quanto sacrifício e poder a pessoa quer. É necessário muita sede de poder para querer ir além de si mesmo[72] e seguir adiante, como partícula de luz, como ser de luz, radiante, iluminado. É necessário muita disciplina, disciplina e disciplina, pois cada conquista de luz representa a diminuição da sombra interna, os pontos necessários de humanização e reforma íntima. É necessário muito sacrifício para transformar desertos interiores em paraísos com palmeiras, lagos e flores. Não um oásis passageiro, mas uma conquista permanente e de autorrealização.

4.3.3 Parábola das flores

O mundo é como uma flor. É necessário que a semente rompa a solidão e a frieza do solo para ser grato aos nutrientes, à água, às intempéries e ao sol, desabrochando com beleza e esplendor para inspirar e alegrar o Universo.

---

72 HEIDEGGER, 2015, p. 56.

5. Desertos e montanhas: palavras finais

Nem todo deserto é ruim: vai depender daquilo que se fizer e plasmar no hábito do pensamento. Deserto pode significar tanto período de estudo e reflexão profunda quanto de reforma íntima profunda. Em uma importante observação, Nietzsche percebe que "O deserto cresce: ai daquele que abriga desertos!".[1] É necessário que se vá do deserto para as montanhas, da secura para a abundância das alturas, mexer vales e baixadas interiores para os ares elevados. Não apenas uma topografia da história do ser humano, mas o chamado para a grandiosidade e abundância do infinito. É o progresso, a caminhada que marca o espírito da humanidade em sair da condição de lama para a luz, do carvão para o diamante, da matéria para o espírito, da criança maltratada para o adulto autorrealizado. Tal progresso é marcado pela vontade do querer e do se esforçar para melhorar-se. São as atitudes (e não os títulos ou palavras vazias) que contam. É importante que não se dilacere o deus no homem.[2] A partícula divina, a chama interior, é pequena faísca que não nos faz esquecer de nossos compromissos com a própria divindade. É a nossa riqueza oculta. Fomos chamados para arar e participar das bênçãos e abundâncias da terra. Somos coconstrutores, herdeiros e operários, donos da vinha e vinho que fazem dos sonhos e esforços um grandioso projeto de conquistas e luta.

Ser trabalhador não carrega um sentimento de humilhação e inferioridade, mas de criação de valor e de enriquecimento na vida

---

1 NIETZSCHE, 2016, p. 99.

2 *Ibid.*, p. 87.

com o propósito da conquista e da felicidade. As principais riquezas não são as materiais. A matéria é simples transitoriedade na história de vida do espírito. O espírito eterno e imortal está na caminhada de angariar as riquezas e os valores morais que realmente importam. "A vida é uma jornada, não um destino."[3] Conhecimento edificante, experiências concretas, equilíbrio emocional, coração, mente e mãos de luzes são algumas dessas riquezas. O desenvolvimento do intelecto e da moralidade representa conquistas da formação de uma nova classe superior e nobre na Terra, uma nobreza baseada na luz e no amor de Deus.

Nos auspícios do porvir, seguem veneráveis os sermões que, com base na filosofia e obras de Nietzsche, auxiliam-nos no acendimento de nossa luz interior, e que os mesmos sirvam de candeeiros postos no alto para iluminar e facilitar o encontro do caminho, principalmente para os mais necessitados. Autodescobrimento, perdão, gratidão e coconstrução são apenas alguns passos na evolução da humanidade frente à conquista interna, ao infinito mundo de luz, paz e Deus. Sejamos os filhos pródigos que atendem a esse chamado sem perder tempo, recursos e energia. Que sejamos suficientemente poderosos para fazermos a reforma íntima necessária à conquista de um valioso tesouro, o tesouro de nossa própria luz. Sejamos luz! "Torna-te o que és!"[4]

> *Na verdade, na verdade vos digo que aquele que crê em mim também fará as obras que eu faço, e as fará maiores do que estas, porque eu vou para meu Pai.*[5]

---

3 Frase célebre de Ralph Waldo Emerson.

4 NIETZSCHE, 2019, p. 226.

5 Jo. 14: 12.

5.1 Sermão da montanha de Nietzsche

Bem-aventurados os fortalecidos na busca incessante do Bem e da Perfeição, pois serão transmutados em seus valores e comportamentos.

Bem-aventurados os que buscam se conhecer, pois estes não se perderão no mundo.

Bem-aventurados os que buscam a graça de Deus, por meio do perdão e gratidão aos semelhantes, pois serão recompensados.

Bem-aventurados os que cocriam em direção ao progresso da matéria e do espírito, pois estes herdarão o mundo.

Referências

BORGES, J. *O Aleph*. Lisboa: Estampa, 1988.

BROBJER, T. H. "Nietzsche's reading about Eastern Philosophy". *Journal of Nietzsche Studies*, 28: 3-35, 2004 (Pensilvânia).

CAMÕES, L. *Os Lusíadas*. Lisboa: Instituto Camões, 2000.

CLARK, M. "Suffering and the affirmation of life". *Journal of Nietzsche Studies*, 43 (1): 87-98, 2012 (Pensilvânia).

DELEUZE, G. *Bergsonismo*. São Paulo: Editora 34, 2012.

EPICURO. *Pensamentos: Textos selecionados*. São Paulo: Martin Claret, 2008.

FRANKL, V. *Em busca do sentido: Um psicólogo no campo de concentração*. São Leopoldo: Sinodal, 2003.

GIACÓIA JÚNIOR, O. *Nietzsche como psicólogo*. São Leopoldo: Editora Unisinos, 2001.

HEIDEGGER, M. *Nietzsche: Seminários de 1937 a 1944*. Petrópolis: Vozes, 2015.

IJSSELING, S. "Nietzsche's Yes and Amen". *Journal of Nietzsche Studies*, (22): 36-43, 2001 (Pensilvânia).

JUNG, C. G. *Mysterium coniunctionis*. Princeton: Princeton University Press, 1989.

KAAG, J. *Caminhando com Nietzsche: Sobre tornar-se quem se é*. Rio de Janeiro: Red Tapioca, 2019.

MASLOW, A. "Higher, and Lower Needs". *Journal of Psychology: Interdisciplinary and Applied*, 25 (2): 433-436, 1948 (Reino Unido).

MIRABILE, P. "Nietzsche and Aurobindo 'Le ressentiment'". *Nietzsche Studien*, 30 (1): 351-363, 2001 (Alemanha).

NIETZSCHE, F. *Assim falou Zaratustra*. São Paulo: Companhia de Bolso, 2019.

NIETZSCHE, F. *Schopenhauer como educador: Considerações extemporâneas. 3ª parte.* São Paulo: Mundaréu, 2018.

______. *Crepúsculo dos ídolos.* São Paulo: Companhia de Bolso, 2017.

______. *O anticristo: Maldição ao cristianismo: Ditirambos de Dionísio.* São Paulo: Companhia de Bolso, 2016.

______. *A gaia ciência.* São Paulo: Companhia de Bolso, 2012.

______. *Ecce Homo.* São Paulo: Companhia de Bolso, 2008.

______. *O nascimento da tragédia.* São Paulo: Companhia de Bolso, 2007a.

______. *Genealogia da moral.* São Paulo: Schwarcz, 2007b.

______. *Além do bem e do mal.* São Paulo: Companhia de Bolso, 2005.

PANGLE, T. L. "The 'warrior spirit' as an inklet to the political philosophy of Nietzsche´s Zarathustra". *Nietzsche-Studien*, 15: 140-179, 1986 (Alemanha).

PICO DELLA MIRANDOLA, G. *Discurso sobre a dignidade do homem.* Trad. e int. Maria de Lurdes Sirgado Ganho. Lisboa: Edições 70, 2001.

PRABHUPADA, A. C. B. S. *O Bhagavad Gita como ele é.* São Paulo: The Bhaktivedanta Book Trust, 1976.

SALTER, W. M. "An introductory word on Nietzsche". *The Harvard Theological Review*, 6 (4): 461-477, 1913.

SMITH, A. *Teoria dos sentimentos morais.* São Paulo: Martins Fontes, 1999.

WEBER, M. *Economy and society.* Berkeley: University of California Press, 1978.

WILDE, O. "Amor". *In:* LECH, O.; LECH, M. B. *Frases inteligentes para lembrar e usar.* Passo Fundo: Méritos, 2010.

Esta obra foi composta em sistema CTcP
Capa: Supremo 250 g – Miolo: Book Ivory Slim 65 g
Impressão e acabamento
Gráfica e Editora Santuário